Le béton en garde à vue

Graphisme: Agnès Dahan

4, impasse de Conti
75006 Paris
www.editionstextuel.com
ISBN : 978-2-84597-833-1
Dépôt légal : septembre 2020

textuel

Le béton en garde à vue

Manifeste architectural et théâtral

Rudy Ricciotti

Conversation avec
David d'Equainville

Comédie en trois actes

Personnages

L'architecte
La compagne de l'architecte
Le capitaine de gendarmerie
Le gendarme, adjoint au capitaine de gendarmerie
Le policier 0
Le policier 1
Le policier 2
Le policier 3
La dame en vélo
La juge
L'avocat
Le groupe de policiers.

ACTE I

SCÈNE PREMIÈRE

Un accueil de commissariat. Face à la porte d'entrée, un policier en uniforme patiente derrière un guichet. Sur le côté, des hommes bavardent, pistolets aux ceinturons.

Le groupe de policier,
entre eux.
Tournée générale. On va se régaler. Paraît que la juge veut du spectacle. Sûr qu'il y en aura pour tout le monde. J'ai déjà une équipe sur les lieux. On ne peut pas rater le coup. Un jeu d'enfant. Du bonus à coup sûr. Un vrai massacre !

Entre l'architecte, tenant à la main une convocation.

L'architecte,
relit à part la convocation.
« À la demande du capitaine de gendarmerie, agissant en vertu et pour l'exécution des instructions contenues dans la note n° (...) délivrée le (...) par Mme (...), juge d'instruction au tribunal de grande instance de Toulon,

M. L'ARCHITECTE

Est prié de bien vouloir se présenter le (...)
à l'adresse figurant en en-tête, pour une affaire le concernant. Muni des documents suivants :
– Pièce d'identité. »

Le policier 0
Monsieur, que puis-je pour vous ?

L'architecte
Bonjour, j'ai rendez-vous avec le capitaine.

Les policiers en civil se taisent.

Le policier 0
Rendez-vous avec le capitaine… Pour une affaire ?

L'architecte
Oui, me concernant.

Le policier 0
Vous êtes le Monsieur du béton ?

L'architecte
Je suis architecte.

Le policier 0
Avec la convocation ? Une pièce d'identité ?

L'architecte
Oui, mais j'ai laissé le camion toupie à la maison et je suis venu en tractopelle, je croyais qu'il s'agissait d'un vernissage.

Le policier 0
On ne mobilise pas le GIR[1] pour un vernissage.

---

1 Groupe d'Intervention Régional. Le GIR peut être sollicité contre toutes les formes de délinquance endémique, de trafics locaux de stupéfiants, d'objets ou véhicules volés ou recelés, d'actions violentes concertées, aboutissant à la désorganisation de la vie sociale et entretenant dans la population un sentiment permanent d'insécurité (source : Direction des Ressources et des Compétences de la Police nationale).

L'architecte,

surpris.

Vous êtes sûr d'avoir convoqué la bonne personne ? Je suis plutôt BFUP[2]. Je pratique les chantiers depuis plus de trente ans, jamais entendu parler du GIR.

Le policier 0,

flatté.

C'est le fleuron de notre institution, un nouvel agrégat pour bâtir la meilleure des polices, tous les services coulés en une seule unité : la police, la gendarmerie, les services fiscaux, les équipes des douanes, de la concurrence et de la consommation, de la répression des fraudes et du travail, et de l'emploi, tous unis pour combattre les imprévus de la vie moderne et bâtir une sécurité de qualité.

L'architecte,

lui tend la convocation et sa pièce d'identité.

Cela me rappelle mes premières cabanes, en Camargue, quand j'étais minot. Moi aussi j'aimais sécuriser mon territoire. Le capitaine, vous savez ce qu'il me veut ?

Le policier 0 survole les papiers et décroche un téléphone.

Le policier 0

Non, mais le capitaine, oui, il vous donnera toutes les réponses.

2 Béton fibré Ultra Performant utilisé pour la construction du musée des Civilisations de l'Europe et de la Méditerranée, le MuCEM, à Marseille et pour la construction du Stade Jean-Bouin, à Paris.

L'architecte

L'horizontale détourne mon attention, je reste ferme le matin, voyez-vous ?

Le policier 0 au téléphone.

Le policier 0

Votre rendez-vous est arrivé.

Le policier 0 raccroche le téléphone et redonne à l'architecte ses documents.

Le policier 0,
aimable.

Deuxième étage, à droite en sortant de l'ascenseur, fond du couloir, tournez à droite, puis prenez l'escalier. Au palier, poussez la porte, faites 30 mètres, tournez à gauche, passez le sas, traversez la zone des archives, tournez à droite juste après, suivez le fléchage GIR. Arrivé sur zone, allez tout droit. Un escalier à gauche, prenez-le en montant deux étages. Une porte coupe-feu en face de vous. Poussez-la et tournez à gauche. Faites 30 mètres, vous arrivez sur une bifurcation, droite ou gauche, c'est pareil. Prenez le côté que vous voulez, puis marchez 100 mètres environ tout droit sans vous préoccuper. Au fond, une grande courbe : comptez les portes, sixième porte, bureau 220, et là vous redemandez. De toute façon il vous attend. Si vous êtes perdu, revenez, je vous ferai un plan !

SCÈNE II

Une salle de l'administration sinistre, genre Securitate roumaine. Le capitaine de gendarmerie est installé derrière un bureau. Le gendarme est installé sur le côté, derrière un bureau plus petit sur lequel est posé un ordinateur. Les policiers 1 et 2 encadrent une chaise vide.

Le policier 1
Arrête de râler.

Le policier 2
Puisque je te dis que je ne râle pas.

Le policier 1
Mais si tu râles.

Le policier 2
Mais non, pourquoi faire ? Je ne râle pas. Tu me les brises !

Le policier 1
Ça oui, il suffit de te regarder, tu as la gueule du râleur.

Le policier 2
J'ai la même tête de poulet que la tienne.

Le policier 1
Un poulet râleur. On voit que tu n'es pas marseillais.

Le policier 2
Marseillais, comme notre client ?

Le policier 1

Tu vas un peu vite. Cela se mérite, n'est pas marseillais qui veut.

Le policier 2

Je préfère ma chaise de poulet à la sienne.

Le policier 1

Tu vois… tu râles encore.

Le policier 2

Pas du tout.

Le policier 1

Tu râles comme un bulletin météo de la Meuse.
Tu râles comme un fonctionnaire de la culture en mission à Metz.
Tu râles comme un concessionnaire Renault. Tu râles comme un prédicateur sans parterre. Tu râles comme un Français conforme.

Le policier 2

Tu me les brises…

Entre l'architecte, tenant à la main la convocation.

L'architecte

Le bureau du capitaine ?

Le capitaine de gendarmerie

Entrez, installez-vous, nous vous attendions.

L'architecte

Vous êtes le capitaine ? Je vous cherchais. Voilà ma chaise, j'imagine, entre ces deux messieurs ?

Le capitaine de gendarmerie

Oui, s'il vous plaît, prenez place.

L'architecte

Bonjour.

Le policier 1

Monsieur

Le policier 2

Bonjour.

Le gendarme

Installez-vous.

L'architecte

Merci. Tenez, capitaine, voici votre papier. Je dois dire que je suis aussi surpris d'être là que curieux d'en connaître la raison. J'ai eu beau réfléchir à la question depuis votre convocation, j'avoue ne pas avoir encore trouvé une réponse satisfaisante. J'attends beaucoup de cette rencontre. Mais la suspicion est déjà prise de bénéfice...

Le capitaine de gendarmerie

Je suis content que vous le preniez comme ça. C'est toujours mieux d'avouer. On a les mains plus libres pour la suite. Vous savez, cher Monsieur, j'ai aussi une âme de bâtisseur et l'amour du bel ouvrage. J'aime creuser des fondations solides. On ne fait rien de bon dans notre métier si on laisse au hasard ou aux autres le soin de boucler les dossiers. Après tout, nos prisons n'ont pas été construites pour y mettre des chiens. Il faut être sur le chantier si l'on veut des résultats. Je suis comme vous, un homme de terrain. Il faut y mettre les mains !

L'architecte

Mettre les mains ? (*silence*) On a tous besoin de l'expertise des hommes, d'une mémoire du travail enrichie de nouvelles expériences. Le drame de la modernité est d'avoir oublié de donner une place à ceux qui s'efforcent de faire vivre ces vertus. Regardez ce qu'est devenue l'administration de la République ! Elle n'a plus rien de républicain, sinon le nom. La machinerie a perdu de vue l'essentiel de sa mission. Sans même s'en rendre compte, croyant bien faire, elle a complètement basculé dans une logique fascisante, où le renouvellement de son propre champ existentiel passe par l'exercice d'une nuisance de frappe, figeant ainsi tous les mécanismes de production dans la terreur de ce pouvoir de papier. Plus de contrôles contribue à une perte de contrôle. L'énergie est gaspillée, les savoir-faire ruinés, les mots se perdent en même temps que les métiers, au profit d'un lissage unisexe maquillé en moralisme de pacotille, principe de précaution et détachement opportun unis par les liens sacrés de la petite manœuvre. À la longue, l'administration devient son boulet propre. Du contrôle, toujours plus de contrôle. Avec une haine incroyable, elle ne cesse d'organiser des faisceaux convergents, de tenir en laisse un travail réduit à sa plus simple expression, quelques possibilités d'activités sévèrement encadrées. Je suis persuadé que les réformes juridiques sur le sujet cherchent à restreindre les initiatives, pour mieux les avoir à l'œil. À la longue, l'administration accouche d'un monde aussi triste qu'une maison vide. Le troupeau mené à l'abattoir après les vacances réglementaires, prié de passer à la caisse avant de retourner se faire pendre, m'afflige. Pourtant j'aime la viande, et bien saignante, mais je ne peux plus avaler n'importe quelle salade ! J'ai l'estomac fragile et les papilles récalcitrantes.

Le capitaine de gendarmerie

Il faut être raide sur les principes et intransigeant sur la traçabilité. Vos considérations ne font pas débat ici. Pour bien cuisiner, il me faut une belle marchandise, un charolais, une blonde d'Aquitaine, un beau pedigree. Le vôtre est intéressant. Il m'a tout de suite fait penser à celui de l'un de vos confrères. Je me suis procuré son dernier ouvrage[3] et j'ai noté certains passages éclairants. Permettez-moi de vous en lire un extrait, je l'avais gardé sur mon bureau en prévision de notre rencontre. Écoutez : « Contre cette réglementation assassine, je filoute, fais du slalom entre les bornes, pratiquant la résistance technologique pour ne pas dire politique ou idéologique. » Intéressant, pour un gendarme, un architecte qui déclare spontanément filouter. Vous aimez les renards ?

L'architecte

Il file plutôt la métaphore qu'il ne filoute. Il y a toujours de la joie à slalomer entre les mots. Le premier degré retient l'attention et associe le lecteur au deuxième temps du sens.
Évidemment, on peut aussi s'attarder au premier mouvement. C'est une question d'oreille. En vous

3 Rudy Ricciotti, *L'Architecture est un sport de combat*, Paris, Textuel, 2013.

écoutant lire, je comprends précarité, réglementation, avec laquelle les esprits libres devront composer afin de ne pas perdre leur indépendance, et faire en sorte que la lettre de la loi reste vivante, seule condition pour maintenir son crédit auprès de tous. C'est une opération à cœur ouvert. Un braquage amical dont le butin se partage en bibliothèque. Pas plus de filouterie que de bijouterie dans ces mots, juste l'envie de tracer de nouveaux chemins, de nouvelles voies contre les absurdités d'un système ayant perdu le fil et tout esprit critique. Perdre l'évaluation des ordres de grandeur ou de proportion est la marque schizophrène d'un pouvoir déconnecté du peuple. Mais nous y sommes. Sade avait raison de dire « Français, encore un effort si vous voulez devenir républicain ». Et plus tard Antonio Gramsci[4] regrettera « que la collectivité se saigne pour payer une bureaucratie pléthorique et fainéante… ne servant qu'à augmenter le sentiment de malaise dans la vie publique et à créer des couches administratives pléonastiques vivant comme des parasites sur la productivité des travailleurs ». Gramsci était communiste et visionnaire de la lutte des classes !

Le policier 1

A ben parla !

Le policier 2

Gramsci, c'est un bolchevique !

Le policier 1

Non, un communiste provincial !

---

4 Antonio Gramsci, *Pourquoi je hais l'indifférence*, Paris, Rivages poche / Petite Bibliothèque, 2012.

Le capitaine de gendarmerie,
faisant taire de la main les policiers.

Difficile à accepter, cette idée de la République, peu militaire. J'ai trop le sens de la hiérarchie. Les ordres de mes supérieurs ne se jugent pas. Lorsque l'on me confie une mission, je la mène à son terme, et fais en sorte d'instruire le dossier, et le magistrat, qu'il puisse se forger une opinion sans peine. Dans ce travail, chaque détail compte, toutes les pistes sont bonnes à courir. Excepté les chemins de travers. Il faut être carré, rester au ras des choses. Enquêter est un labeur minutieux. Il n'y a pas de place pour le doute, à moins de remettre en cause la chaîne de commandement ou de rester à la maison, ce qui est impensable chez les gendarmes, nous vivons la plupart du temps entre nous, en caserne. C'est notre grande force… et notre métaphysique.

L'architecte
Lorsque votre mission n'est pas détournée par un politique ou les ambitions d'une carrière. (*Silence*). Depuis la France de Vichy, la désobéissance devrait être inscrite au programme de toutes les formations des grands corps de l'État. Que De Gaulle, au soir de la Libération, déclare « la République n'a jamais cessé d'exister », « Vichy fut toujours, et demeure, nul et non avenu », ne change rien aux dérives. La séparation des pouvoirs n'est plus suffisante pour garantir la liberté des citoyens. Chaque individu devrait armer sa réflexion d'un court-circuit à activer en cas de doute sur la légitimité d'une décision ordonnée par une instance devenue arbitraire à force d'exercer

son autorité. Cependant, entendons-nous, en disant cela, je ne dénigre pas la raison d'être des institutions de la République, je les respecte, basta ! Et ne souhaite aucune alternative à celle-ci. Cependant république n'implique pas démocratie. J'ai été élevé au milieu des valeurs républicaines, de leurs vertus, avec une réelle admiration pour toutes ses grandes institutions, l'Éducation, la Justice, l'Armée, l'Hôpital, les Transports, la Police, la Nation, la Poste, l'Instituteur, le Boulanger, le Maire, le Garde, et même le Lapin de Garenne... Ma famille et moi-même devons tout à l'École de la République. Mais dans mon métier d'architecte, comme dans celui de gendarme peut-être, à de nombreuses occasions, j'ai constaté les dysfonctionnements d'une administration en proie à la suspicion et à la malveillance. Je me suis souvent demandé d'où venait l'énergie de cet égarement, comment le système avait pu déraper à ce point ? Il est impossible de rester indifférent à ces combats kafkaïens, d'un bureau à l'autre, que rien ne semble pouvoir arrêter. Quel leurre est-il qui puisse fabriquer autant de haine à l'égard de notre pays ? Ce sont des mécanismes de destruction irresponsables. Le procès de la filière béton, dont je suis partie prenante, que je défends tant que je peux, est un bon exemple des dommages causés par une réglementation devenue assassine à force d'étendre sans mauvaise conscience son champ de préjugés. Ignorant totalement le caractère savant, la dimension sociale et le bénéfice économique de cette industrie. Elle poursuit néanmoins son travail de sape avec un sérieux et une rigueur toute janséniste. Une vraie gabegie ! Pour être clair, je vais le répéter : la bureaucratie a compris qu'en fabriquant de la nuisance elle renouvelle son existentialisme territorial. Sartre n'est-il pas cocu ?

Le policier 1

Y a pas que lui !

Le policier 2

You're talking to me ?

Le capitaine de gendarmerie

Cela rapporte, le béton ? Vous en êtes satisfait ?

L'architecte

Je n'ai pas à me plaindre, j'aime mon métier et il me donne une vie heureuse. En France, nous avons la chance d'être devenus des experts. L'art de construire a atteint un niveau de compétences peu égalé dans le monde. L'économie du bâtiment tire l'économie française vers le haut. Le béton est une filière robuste, d'intérêt national, une économie au développement généreux pour les territoires. Le béton aurait pu devenir, comme l'a été un temps la sidérurgie, un outil de conquête sociale, une activité sur laquelle aurait pu, aurait dû s'accrocher une pensée politique. Car la filière béton est une chaîne qui fabrique de l'emploi territorialisé et crée de la richesse, développe un haut niveau d'expertise. Ce matériau est un levier de développement sous-estimé, sans cesse attaqué par méconnaissance de sa réalité. On lui cherche des ennuis pour de mauvaises raisons, au lieu de le protéger. On protège bien les secteurs clés de l'économie du pays, l'industrie militaire, l'industrie nucléaire ? Pourquoi pas le béton ? À force de laisser ses détracteurs scier la branche qui nous soutient tous, nous ferions mieux de les raisonner. L'arbitrage environnemental doit en outre être fait avec des chiffres. L'empreinte écologique du béton est plus favorable que toutes les autres filières. Malheureusement, cela n'est connu que des experts. Mais le troupeau de mules anachorètes bramant depuis les beaux quartiers s'amplifie. En la matière, les écologistes sont vraiment des autistes agressifs et irresponsables. Des penseurs avec des crayons biodégradables en amidon de maïs. Ils trinquent avec du vin coupé à l'eau ou aspirent à boire des jus de légumes absents de la carte. Ils ne peuvent pas s'empêcher de vouloir prouver que le monde est méchant avec eux. L'ivresse du béton leur est étrangère. Ils vivent dans le déni, feignant d'aspirer à une société innocente car soi-disant respectueuse de la nature. Des indignés pour une révolte de peluches, comme dit le philosophe Curnier. Danton aurait détesté ces culs bénis de l'environnement. Il leur aurait fait subir le pal, ce supplice qui démarre si bien et finit si mal, comme disait Henri IV. C'est un appel au cannibalisme au bruit du tam-tam, aurait dit Adolf Loos !

Le policier 1

Vaut mieux une mauvaise idée que pas d'idée du tout, disait le Général.

Le policier 2

De Gaulle.

Le capitaine de gendarmerie

Le tam-tam des promoteurs oui ! Les littoraux en ont tout de même eu un peu la gueule de bois avec le béton, non ?

L'architecte

Le tout-béton, les affreux bétonneurs, pan-pan, cul-cul, c'est vilain, c'est méchant, cela fait cinquante ans que j'entends ce discours misérabiliste, cinquante ans que je vois gesticuler ces passeurs de plats sans cervelle vendre leur mayonnaise industrielle et leur soda ! Ils ne connaissent rien au béton, sont incapables d'en reconnaître le passé ou d'en percevoir les perspectives. Ils ignorent que, il y a des milliers d'années, le béton avait déjà sa place dans la cité, qu'il existe encore à Rome des ouvrages d'une ingéniosité sans pareille, une coupole composée à la base d'agrégats lourds, s'allégeant progressivement jusqu'au sommet, avec des agrégats plus fins, faits de pierres volcaniques à la porosité réduite, pour résister aux infiltrations. Le Panthéon, à l'époque d'Astérix et Obélix, vous rendez-vous compte de la qualité de ce génie romain ? Et ces bâfreurs de purée paillette bouffeurs de ketchup, le regard humaniste plein de fourberie, continuent à pleurnicher en criant au scandale ! La transformation du béton les horripile autant que le plumage d'un poulet. Ils ne dénigrent pas pour autant la régression du *nuggets* de temps en temps, à condition de fermer les yeux sur le processus de transformation, le concassage de l'animal, pour ne voir que le blanc virginal et immaculé de la barquette sous cellophane. Car ils mangent des aliments heureux voyez-vous ? À leurs yeux, la visibilité parfaite de la chaîne de production du béton est obscène voire pornographique. Contrairement à l'acier fabriqué de l'autre côté des mers, hors de vue. Ils n'ont aucun respect pour ce matériau qui porte la main de l'homme, comme le vin porte la trace du viticulteur. Ils préfèrent la main propre garder, comme Ponce Pilate, magistrat seul interprète du code de la loi, condamné à l'eau à perpétuité. Adossés à un manque de goût aigre, hermétique à toute poésie, ils considèrent les travailleurs avec mépris. Pour eux, les ouvriers constituent des bandes organisées armées de godillots fangeux, les visages masqués de poussière et le regard féroce de l'ovidé en rut. Ils fantasment un processus mafieux. Pensez-vous, tous ces mâles en short plus sexe que les bureaucrates, debout, dès sept heures du matin, à trafiquer du ciment, ils doivent en avoir dans le pantalon ; d'autant que ce sont des étrangers, des Marocains, des Italiens, des Congolais, des Comoriens, des Portugais, une armada de gueules basanées à coffrer fissa avant qu'ils ne viennent faire danser le rock à tout le quartier après leur journée de travail ! L'ivresse est utile non ?

Silence de l'architecte.
Silence du capitaine de gendarmerie.

L'architecte

Le pire est la publicité faite à ces lieux communs, utilisés à la façon d'une mauvaise sauce à l'huile de palme, affichés sans nuance et en toutes circonstances, une vraie tétine. Elle arme névrose et volonté de nuisance. Le short de l'ouvrier tire bien une dernière larme caprine à ces messieurs dames, en souvenir de leurs désirs égarés au sein d'intérieurs formatés. Forcément, à force de s'astiquer, la sensibilité s'émousse. Ces âmes émasculées ne veulent pas comprendre l'intérêt d'extraire le sable à proximité des sites de construction, ni le processus de concassage des résidus du béton dans une optique de recyclage, ni encore l'incontestable bénéfice territorial. Ils applaudissent quand une carrière est fermée par la DRIRE[5] ou son nouvel acronyme, peu importe, ignorant qu'une carrière de moins gangrène le cerveau de la filière. Et s'ils repèrent un blanc en tête de file, il est obligatoirement le négrier de l'affaire, le béké de la zone, un salopard à guillotiner séance tenante ! Ils ignorent la pensée savante du béton, ne veulent rien savoir des perspectives historiques de l'art de bâtir, érudites, aussi sophistiquées qu'une conversation au XVIIIe siècle. Le béton enivre de ses secrets initiés. Sa complexité le protège. Il est comme la taille de pierre, une vertu christique du travail. Personne n'est en mesure d'en posséder tous les métiers. Chacun détient un fragment et doit composer avec les autres initiés pour accomplir de concert un forfait. On pourrait imaginer que l'architecte est le coupable, puisqu'il a l'intention du délit, mais le coup est monté à plusieurs. Architecte, élu, maçon, coffreur, citoyen, nous sommes nombreux à faire tourner la bétonneuse, à cimenter de nouvelles cohésions sociales. Coupables, nous le sommes ! Inutile de nier que nos ouvrages renouvellent pas à pas la cité. C'est une magouille à plusieurs, un braquage romantique, un échange symbolique : matérialité contre physicalité, argent contre labeur, l'érotisme est à sa porte. N'importe qui peut couler du béton, n'importe qui ne peut

---

5 Direction régionale de l'Industrie, de la Recherche et de l'Environnement, organisme décentralisé dépendant du ministère de l'Écologie, de l'Énergie, du Développement durable et de l'Aménagement du Territoire, avant que leurs missions soient réaffectées à d'autres services de l'État dans le cadre de la révision générale des politiques publiques.

pas, seul, bâtir de la complexité. Il faut être de la famille, comme pour un navire, il faut des charpentiers, des manœuvriers, des artilleurs et des corsaires. Cette réalité exclut les non-sachants. Cet hermétisme qu'on lui reproche est probablement son alphabétisation métaphysique.

Silence à nouveau de l'architecte.
Silence du capitaine de gendarmerie.

Le policier 1

Oui mais l'aggloméré de ciment, c'est pratique !
À la maison, j'ai fait moi-même…

Le policier 2

Ou tu as fait faire…

L'architecte,
reprenant son souffle.

Ne comptez pas sur les zones d'activité pour renouveler la cité, le consumérisme spiritualise la précarité, du hangar démontable au prêt à jeter en provenance de Chine, un boulevard de pacotille se dessine. Boulevard de hangars hagards égarés à bon prix à la sortie des villes, hangars ventripotents, ivres de toc, aux âmes égarées, aux gesticulations inutiles, annoncent le chemin de la caisse ! L'hystérie consumériste se projette sans complexe dans une architecture de bric-à-brac à haut pouvoir calorifique, exhibitionniste, où l'aluminium et le plastique s'auréolent du néon, puis du néant. Le bricolage indécent des écoquartiers ; banlieue sinistrée immédiate devient le ventriloque démocrate. Le béton demande du temps et de la main d'œuvre. Il n'est pas démontable au tournevis, ni au chalumeau, un truc de couillon. Démonter un bâtiment au tournevis relève de l'analphabétisation mégalithique. Difficile de déloger le béton une fois installé, sinon avec des moyens musclés, peu diplomates, type marteau-piqueur ou dynamite, bref du brutal. Ces messieurs sont des flingueurs de concours. Mais ne vous méprenez pas, capitaine, je ne suis pas un obsessionnel du béton, je le trouve simplement plus goûteux, plus responsable, plus poétique, plus sensuel que le bling-bling. Avec talent il résiste à la mystique de contrebande qu'est la nouvelle religion de l'écologisme.

Le capitaine de gendarmerie

Le béton n'est pas si honni, la presse cite souvent le béton ciré.

Silence de l'architecte.

Le capitaine de gendarmerie

Ma femme en rêve pour sa cuisine qu'elle imagine gris souris.

L'architecte

Parce qu'elle ne peut pas faire autrement. La valeur sentimentale du béton a été trop longtemps refoulée. Aujourd'hui, elle exsude la douceur d'un matériau devenu simple élément de décor, détourné de sa fonction primaire, lissé à l'excès, propre sur lui, un gendre idéal. Le sourire de Jack Nicholson. Un truc à attendrir une milice de magistrats de l'Inquisition. Mais il est déjà l'ombre portée de notre mauvaise conscience à son égard.

Le capitaine de gendarmerie

Un peu vite dit, ne fuyez pas. J'ai là un épais dossier à charge. Quelques édifices prestigieux ne suffiront pas à dédouaner le béton de sa responsabilité. Il y a eu beaucoup d'abus. La médiocrité d'un trop grand nombre de programmes immobiliers privés, les coûts incontrôlés de construction des bâtiments publics, les décharges sauvages des gravats de chantiers de démolition, dans la région, des collines entières se sont érigées en toute illégalité. D'après les premiers éléments du portrait-robot, le béton est régulièrement cité, mais impossible à localiser, ce qui n'est pas votre cas puisque le juge d'instruction a cru bon de vous faire venir pour vous interroger sur la question.

Silence de l'architecte.

Le policier 1

Ehhh ouais !

Le policier 2

Ehhh oui !

Le capitaine de gendarmerie

C'est pourquoi, je me permets de vous informer que vous avez été convoqué pour être mis en garde à vue.

L'architecte,

atterré.

Une garde à vue ?

Le capitaine de gendarmerie

Comme le prévoit la loi, si vous le souhaitez, vous pouvez vous faire assister par un avocat.

L'architecte

Un avocat ? Pourquoi aurais-je besoin d'un avocat ? Je suis innocent !

Le capitaine de gendarmerie

Vous refusez l'avocat ?

L'architecte

Je refuse l'avocat.

Le capitaine de gendarmerie

Bien, notez, il refuse l'avocat.

L'architecte

Puisque je suis innocent.

Le gendarme

Je note, « il est innocent » ?

Le capitaine de gendarmerie

Non, « l'avocat » pas « l'innocent ».

L'architecte

Notez aussi « l'innocent », puisque je le dis.

Le capitaine de gendarmerie

Cela reste à prouver.

L'architecte

De quoi m'accuse-t-on, exactement ? Mon physique suspect, mon phrasé, ma faconde ? On ne mobilise pas les forces répressives de l'État pour si peu. Quelles sont les charges ? C'est à cause de mon nom en « i » ?

Le capitaine de gendarmerie
J'auditionne aussi des noms en « a ».

Le policier 1
Et en « o », capitaine.

Le policier 2
Et en « es ».

Le capitaine de gendarmerie
Oui, nous ne faisons pas de discrimination avec l'alphabet.

L'architecte
C'est toujours ça.

Le capitaine de gendarmerie
Je vous demande pardon ?

L'architecte
Je disais que j'étais innocent !

Le capitaine de gendarmerie
Nous verrons plus tard.

L'architecte
Je vous en prie, tant que l'on peut fumer.

Le capitaine de gendarmerie
Pour l'instant, on a du travail, j'ai des tas de raisons plausibles de soupçonner le béton de commettre des délits passibles de condamnations. Pourrions-nous les évoquer ?

L'architecte

Les raisons ou les délits ?

Le capitaine de gendarmerie

Cernons d'abord les délits, les raisons suivront d'elles-mêmes.

L'architecte

Je ne suis pas sûr de vouloir m'engager sur ce terrain. J'ai en tête l'ingéniosité de la « Cité radieuse » de Le Corbusier, cette tentative *fada* de mettre en pratique une métrique universelle[6], un *modulor*, module idéalement proportionné du rapport entre l'homme et l'espace. Je pense à son acolyte, Oscar Niemeyer, et à leur collaboration pour construire le siège des Nations Unies, à New York, le long de l'East River. Je revois la courbe de la rampe du musée de Brasilia, stupéfiante illustration d'un mouvement de béton tout en douceur. Je pense... qu'Oscar est en enfer autant à cause du béton, que parce qu'il est l'ultime version romantique du communisme après avoir gagné la guerre de Cent Ans.

Le capitaine de gendarmerie,
l'interrompant.

Mais oui, mais oui... Je me concentrerai plutôt sur la présence de nickel, de cobalt et de chrome dans les ciments, substances cancérigènes si la concentration, pour le chrome hexavalent, dépasse le seuil de 0,1 %. Trois éléments à l'origine de dermatites, d'atteintes oculaires, de maladies

6 Le Corbusier, *Le Modulor, essai sur une mesure harmonique à l'échelle humaine applicable universellement à l'architecture et à la mécanique*, Paris, Denoël, 1977.

respiratoires et d'allergies diverses. Je ne parle même pas des produits en ciment renforcés par des fibres d'amiante… avec ses conséquences sur la sexualité.

Le policier 1

C'est vrai, mon beau-frère…

L'architecte

L'industrie n'est pas aveugle. Les risques sont clairement identifiés et l'information circule auprès des personnes exposées. De nombreuses démarches de prévention sont engagées par les fabricants de ciment notamment. Dans ce domaine, la législation oblige à la plus grande prudence. Il demeure tout de même le viagra comme contrepoison.

Le capitaine de gendarmerie

Le béton ne manque pas d'intérêt ni de contradictions. Je réalise que la matière a des pieds d'argile malgré ses airs de colosse. Il mobilise une incroyable énergie en amont de la chaîne, lors de la fabrication du ciment et, en aval, pour être transporté jusqu'aux chantiers. Le temps l'altère. Le froid l'attaque. Les sulfates et les chlorures le dégradent. La corrosion des armatures entraîne des fissures ou des explosions du béton. C'est un festival ! Les tagueurs l'ont perçu comme dernière page vierge disponible.

L'architecte

Black béton et mistral rouge. Ce n'est pas un matériau facile, mais quelle fête lorsqu'il s'invite à la table !

ENTR ACTE

L'architecte et un policier vont fumer un cigarillo sur la terrasse et parlent de grives, de rouges-gorges et de leurs cuissons.

SCÈNE III

La même salle. Le capitaine de gendarmerie, derrière le bureau, le gendarme, sur le côté, derrière un ordinateur, les policiers 1 et 2 encadrant l'architecte, installé sur la chaise des prévenus.

Le capitaine de gendarmerie

Je préfère éviter les menottes.

L'architecte

Je vous remercie.

Le policier 1,

à part, au capitaine.

Vous êtes sûr ?

L'architecte

On pourra fumer encore ?

Le policier 2,

à part, au policier 1.

Il y a moins d'ambiance sans les menottes.

Le capitaine de gendarmerie

Je menotte rarement.

Le policier 2,

à part, au policier 1.

Avec, on compte pour du beurre.

L'architecte

Je fumerais bien un autre cigarillo avec un café.

Le capitaine de gendarmerie

Cela ne sert à rien, mais je vous offre le café.

L'architecte,

au gendarme.

Pas vous ?

Le gendarme

Je ne fume pas.

Le capitaine de gendarmerie

Le tabac est interdit dans les bureaux.

L'architecte

Je pensais à une autre pause à l'extérieur, dans la rue.

Le capitaine de gendarmerie

Nous allons bientôt sortir, un peu de patience, nous devons perquisitionner votre domicile.

L'architecte

J'espère que ma compagne n'est pas sortie, j'ai oublié de prendre les clés.

Le capitaine de gendarmerie

Nous venons toujours avec un serrurier.

L'architecte

Si l'on pouvait éviter de casser la porte, ce serait bien aimable.

Le capitaine de gendarmerie

Pourvu que votre dame soit là.

L'architecte

Je l'espère.

Le capitaine de gendarmerie

Avec les dames, on ne sait jamais. Elles sont imprévisibles, faut garder un œil !

L'architecte

C'est gentil de vous inquiéter.

Le policier 1

A ben parla capitaine !

Le capitaine de gendarmerie

Je m'intéresse aux détails, ils font partie du métier. J'ai aussi envoyé une équipe de la brigade fiscale à Paris vérifier que l'exposition à votre nom, à la Cité de l'architecture, était bien réelle.

L'architecte

Vous n'auriez pas dû. Que d'argent gaspillé. C'est navrant. L'exposition a été annoncée dans toute la presse, à moins d'une erreur à grande échelle des journalistes.

Le capitaine de gendarmerie

L'investigation doit se faire sur le terrain, qui réserve des surprises, souvent coûteuses d'ailleurs, nous n'y pouvons rien, mais pas plus que les budgets des chantiers n'en réservent aux commanditaires. Flair et traque font le style du métier.

L'architecte

J'espère que vos hommes ont aimé l'exposition. Le catalogue a dû les aider dans leur mission.

Le capitaine de gendarmerie

Il est dans le dossier, comme le reste. C'est une enquête du GIR, du solide pour un juge, la preuve: connaissez-vous le modèle de votre auto ?

L'architecte

Je crois, une A8 ?

Le capitaine de gendarmerie

Faux, vous annoncez un modèle plus luxueux que celui de votre garage. Vous induisez la justice en erreur. A6, cher Monsieur, A6 et pas A8, je suis désolé. Notez-le au procès-verbal, gendarme.

L'architecte

Excusez-moi de poser la question, mais les autos du garage ont-elles un rapport avec le béton ?

Le capitaine de gendarmerie

Aucun. Mais c'est une tactique de gendarme. Sur l'autoroute, lorsque le suspect nous aperçoit, il est trop tard, le délit est constaté. Nous procédons toujours par encerclement progressif. Nous investissons les recoins du décor en embuscade, et nous approchons graduellement, attentifs à la plus insignifiante information, jusqu'à la plus cruciale; nous pouvons par exemple nous attacher à la pointure exacte des palmes de chasse sous-marine de notre sujet. Après, le juge fait son marché dans le dossier. Il pioche à sa guise, jusqu'à obtenir un trou à la taille du client. La suite n'est plus notre problème. C'est une méthode inventée par nos homologues américains, toujours en pointe. Ils l'ont utilisée pour Capone, tombé pour des contraventions impayées. La verticalité religieuse est notre pneumopraxie.

L'architecte

Et moi le thanatopompe du comptoir. Veuillez noter gendarme, s'il vous plaît, que je suis un peu inquiet du tour pris par mes échanges avec le capitaine, qui m'assimile à un gangster de Chicago décédé il y a près de 70 ans.

Le capitaine de gendarmerie

Nous avons aussi enregistré des bruits de travaux dans votre propriété. Le témoignage d'un gendarme, consigné dans le dossier, parle de coups de marteau à répétition, sur une journée et durant plusieurs jours. Avez-vous fait des travaux récemment ? Nous n'avons pas trouvé de dépôt de permis à votre nom.

L'architecte

Je n'ai pas besoin de permis de construire pour aménager ma maison. Vous auriez dû sonner, venir le constater par vous-même. Il y avait des tailleurs de pierre occupés à restaurer un mur. Ce n'était pas un secret d'ailleurs. Pourquoi, il y a eu des plaintes ?

Le capitaine de gendarmerie

Non, vous n'avez pas de voisins.

L'architecte

Je me disais. Des promeneurs peut-être ? Ou des promoteurs comploteurs ?

Le capitaine de gendarmerie

Il n'y avait que des gendarmes.

L'architecte

Vous étiez donc plusieurs ?

Le capitaine de gendarmerie

Nous travaillons en équipe, je vous l'ai déjà dit.

L'architecte

Alors les bruits des burins ne dérangeaient personne ?

Le capitaine de gendarmerie

Non, mais ils ont été consignés dans le dossier.

L'architecte

Je pourrais peut-être le consulter et comprendre de quoi il s'agit ?

Le capitaine de gendarmerie

La seule chose que vous pouvez faire est de garder le silence ou de répondre à mes questions.

L'architecte

Impossible de garder le silence. Pourquoi le ferais-je, ne suis-je pas présumé innocent ? Et puis, je suis une nature anxieuse, j'aime comprendre de quoi il retourne.

Le capitaine de gendarmerie

La présomption d'innocence, oui, bien sûr.

L'architecte

On me prive de liberté, de cigarillos, on me somme de prouver une innocence mal assise sur une petite chaise encadrée par deux policiers. Avouez que les conditions ne me sont pas très favorables. Je suis un témoin, interrogé pour devenir un accusé plus présentable. Est-ce légal de devoir se justifier sans connaître les raisons pour lesquelles on vous interroge ? Je suis venu pour ainsi dire les mains dans les poches.

Le capitaine de gendarmerie

Il faudrait vérifier leur contenu. Avez-vous beaucoup de choses dedans ?

L'architecte

Des cigarillos, forcément, je n'ai pas eu le temps de fumer à bloc. J'aurais aimé aussi avoir du saucisson, je commence à avoir faim.

Le capitaine de gendarmerie

Je comprends. Et si nous allions regarder de plus près le résultat de vos travaux ? Vous fumerez en route. Les équipes doivent être déjà sur place pour la perquisition.

L'architecte

On peut fumer dans une voiture de gendarme ?

Le capitaine de gendarmerie

Non.

SCÈNE IV

Une cuisine installée dans une salle à manger, installée dans un salon. Le capitaine de gendarmerie, le gendarme, les policiers 1 et 2 encadrant l'architecte, la compagne de l'architecte. Au loin, un groupe de policiers en civil s'affaire avec des brassards et des pistolets à la ceinture. On entend des bruits qui se rapprochent.

L'architecte

Vous entendez ? On dirait des coups de burin.

Le capitaine de gendarmerie

Je leur ai demandé de sonder les murs, ils cherchent du béton. Si vous en avez planqué, dites-le de suite, ce sera mieux pour vous.

L'architecte

Ils n'en trouveront pas beaucoup, c'est une maison en pierre du pays.

La compagne de l'architecte

Quelqu'un reprend du saucisson de taureau ? Maison Genin, d'Arles !

Le capitaine de gendarmerie

Pas de béton chez vous, du béton chez les autres. Ne craignez-vous pas d'être soupçonné de ne pas aimer le matériau que vous défendez ? Je m'attendais à une maison plus spectaculaire.

L'architecte

Je ne suis pas fétichiste. Le béton s'impose selon le contexte. Je n'allais pas raser une bâtisse ancienne pour édifier un manifeste architectural. Le beau n'a pas d'âge. Autant la mer de tuiles provençales qui étrangle le littoral d'une ceinture de mauvais goût me donne envie d'envoyer les bombardiers en piqué, autant j'admire les lieux aux histoires respectueuses du savoir-faire ouvrier.

La compagne de l'architecte

Qui souhaite un café ?
Un marc de Bandol ?

Les policiers 1 et 2 commencent à fouiller les placards de la cuisine.

La compagne de l'architecte

Il y aussi des fèves de cacao, un excellent brûle-graisses.

Le policier 2

J'ai trouvé des bécasses dans le congélateur !

Le capitaine de gendarmerie

Une espèce protégée en cette saison, les bécasses, non ?

Le policier 2

Des tas de bécasses. C'est un pactole.

Le policier 1

J'ai trouvé aussi des perdrix et des sarcelles… nom de Dieu !

L'architecte

Ma compagne est une artiste culinaire.
Elle cuisine les volatiles à toutes les températures.
On mange aussi du bouc et de la chèvre.

Le capitaine de gendarmerie

Vous êtes chasseur. Avez-vous un permis ?

L'architecte

Pas le temps, je me contente de manger la chasse des autres. Les volatiles que votre collègue a dénichés sont mes trésors de guerre. On les prépare sur un lit de romarin avec un peu de sel. Les rouges-gorges également, quand il y en a.

Le policier 2

Ce sont des bécasses.

L'architecte

La bécasse a une tête moins petite.

La compagne de l'architecte,
au policier 1

Tenez, soyez gentil de me sortir le pot de sucre roux, vous avez la main dessus.

L'architecte

Le faisan est plus courant dans la région, comme le poulet au supermarché.

Le policier 2

J'aurais misé sur les bécasses.

Le policier 1,
à part, au policier 2.
Arrête de râler et continue à chercher.

La compagne de l'architecte
La cervelle de bécasse, c'est toute la différence avec la perdrix.

L'architecte
Croquant à l'extérieur, fondant à l'intérieur.

Le capitaine de gendarmerie
Vous permettez que l'on emporte une bête à des fins d'expertise ?

La compagne de l'architecte
Si vous nous promettez de la manger. Gâcher une chasse est un crime. Il ne faut surtout pas la vider, je conseille de larder au Colonnata.

Le groupe de policier,
surgissant dans la cuisine.
On tient une piste. Il y a un crocodile au mur. Espèce protégée. Exportation interdite.

L'architecte
Ce n'est pas moi qui l'ai butté. Il vient du Zimbabwe.

La compagne de l'architecte
Nous avons un certificat d'importation.

Le capitaine de gendarmerie
Et l'oiseau dans la gueule du saurien, il vient aussi du Zimbabwe ?

La compagne de l'architecte

Non, du boucher du village, un artisan sérieux, il suit la marchandise à la trace.

L'architecte

C'est un chapon. Il a été naturalisé pour cacher la langue abîmée du reptile. Elle pendouillait bêtement après un voyage mouvementé.

Le groupe de policier,

ensemble.

On tient une autre piste. Les plantes dans les pots. Espèces exotiques. Exploitation interdite.

L'architecte

Des alocasias ?

La compagne de l'architecte

Alocasia Calidora de la famille des Aracées, originaire de Malaisie.

Le capitaine de gendarmerie

Vous aimez les voyages ?

L'architecte

Surtout pas. Avec le crocodile et les alocasias, je suis comblé.

Le groupe de policier,

ensemble

Encore une autre piste, dans le jardin, de la salade sauvage à la place du gazon réglementaire. Pratiques suspectes. Surveillance à renforcer.

La compagne de l'architecte

La laitue me tue. Sarcelles et roquette sauvage, huile d'olive de Sicile, quelques fleurs de capucines, vous devriez essayer.

Le groupe de policier,
ensemble.

Ils mangent des fleurs et de la salade sauvage !

La compagne de l'architecte

Et de la poutargue de muge en fin de repas.

Le groupe de policier,
ensemble.

Et de la poutargue de muge !

La compagne de l'architecte

Voulez-vous une fève de cacao avec votre café ?

Le groupe de policier

Et du cacao avec le café !

L'architecte

La semaine dernière, il y avait une chèvre dans le four.

Le groupe de policier

Une chèvre dans le four !

L'architecte

Aux écorces d'agrumes.

Le groupe de policier

Des écorces d'agrumes !

Le capitaine de gendarmerie

Avez-vous trouvé du béton ?

Le groupe de policier

On tient un sol, patron, et quelques coulées ici et là.

Le capitaine de gendarmerie

Bien, rentrons, on ne trouvera rien de plus.

La compagne de l'architecte

Vous ne finissez pas vos cafés ?

Ils sortent.

ACTE II

SCÈNE PREMIÈRE

Un petit bureau, différent du bureau du capitaine, avec le capitaine de gendarmerie. sur le côté, le gendarme, derrière un petit ordinateur. Les policiers 1 et 2 encadrent l'architecte.

Le capitaine de gendarmerie

Reprenons, où en étions-nous déjà ?

L'architecte

Aux agrumes, je crois.

Le capitaine de gendarmerie

Non avant.

Le gendarme

Au béton capitaine.

Le policier 1

À l'expertise de la perdrix.

Le policier 2

De la bécasse.

Le policier 1

C'est une perdrix, tu n'y connais rien, tu n'es pas du coin.

Le policier 2

Il y a des perdrix partout.

Le policier 1

Il n'y a pas que des perdrix.

Le capitaine de gendarmerie

Oh ! S'il vous plaît, reprenons.

L'architecte

Nous parlions du béton et du travail. J'essayais de dire que les ouvriers...

Le gendarme

Capitaine.

Le capitaine de gendarmerie

Oui ?

Le gendarme

C'est l'heure.

Le capitaine de gendarmerie

La fin de la journée ?

Le gendarme

Oui. Il est 18 h 30.

Le capitaine de gendarmerie

Dans ce cas, à 18 h 30, il n'y a plus rien à faire, cher Monsieur, nous allons devoir vous quitter. Nos foyers nous attendent.

L'architecte

Je pourrais peut-être fumer un cigarillo ?

Les policiers 1 et 2,
se levant.
Si vous voulez bien nous suivre.

L'architecte
Où allons-nous ?

Le policier 1
En cellule.

Le policier 2
Au trou !

L'architecte
Seigneur !… Quelle belle journée.

SCÈNE II

Un guichet, au sous-sol du commissariat. Derrière le guichet, le policier 3. L'architecte se tient en face, encadré par les policiers 1 et 2.

Le policier 3

Déposez vos affaires dans le bac, Monsieur, téléphone portable, ceinture, lacets, écharpe, effets personnels, lunette, montre, bague, clés, liquide.

L'architecte,

posant ses affaires sur le guichet.

Je peux prendre votre journal, si vous ne vous en servez plus ?

Le policier 2

Non. Impossible.

Le policier 1

Ils interdisent *La Provence* en cellule.

L'architecte

De lire ?

Le policier 3

De s'en servir.

Le policier 2

De prendre le journal.

Le policier 3

On ne sait jamais ce qui peut arriver avec un journal.

Le policier 2

Votre sécurité avant tout.

On entend un bruit de grille qui s'ouvre.

SCÈNE III

Une cellule d'environ 6 m² avec un banc en béton de 40 centimètres de large et un éclairage éblouissant provenant de la lumière du couloir. Une caméra de surveillance, un voyant rouge allumé, filme la cellule et l'architecte, debout.

L'architecte,
fatigué.

Je suis un rongeur de la famille des Muridés, *mus domesticus*, je suis une souris commune fondue en rat scellé. Un rat de crapule, un rat des villes violeurs de mots, un souteneur de phrases à virgules, un constructeur conteur, c'est louche, j'ai le patois du chantier qui résonne : il faut me coffrer, me couler, m'édifier en cellule ! Il faut soigner l'animal par le mal, il faut le ferrailler, l'emmailloter de tracas préfabriqués, lui bricoler une culpabilité fissa ! Je suis un rongeur, un nuisible de la famille des intrépides, un vétéran du ciment, un agrégé du mortier ; je combine le liant et c'est louche, convenez-en. Je n'ai pas la bouche en cul-de-poule, plutôt la tête du voleur de poulets, c'est compromettant ! Il faut m'arranger l'entendement, me secouer la trombine ! On m'a convié au banquet des rats, mis en boîte promptement, dans une décontraction décalquée aux shérifs défraîchis des westerns spaghettis. En moins appliqué.

Mais qu'est-ce je fous dans cette cellule infecte ? Pourquoi vouloir me saturer de ce blanc de titane, me figer dans ce fumet de pestilence abominable ? Qu'ai-je fait de si grave pour mériter ce réduit à migraines ? Qu'ai-je construit qui impose un pareil traitement ? De quoi le béton est-il coupable ? Son caractère définitif, voire incurable, doit-il faire de lui un nuisible, un détracteur du bien commun ? Un gangster ? Construire n'est pas un projet suicidaire, il est matériau d'avenir, du lendemain même. L'irréversibilité est un sujet qu'on ne peut prendre à la légère, marteau-piquable ou pas, dynamitable, la question n'est pas là. L'irréversibilité est le péril d'une société en marche forcée, une société qui mâche ici et crache ailleurs, cheval-caddie ventripotent à haut pouvoir calorifique, une société libre de consommer l'outrance, ivre d'oxyde et d'oxyure ! L'irréversibilité comme miroir inversé du dernier voyage fait peur. Honnêtement, je préfère me couler une dalle de béton sur le ventre et ne plus en parler, plutôt que de m'en passer.

Le béton n'est pas un butin à mettre dans un sac en prenant la fuite. Même dans un sac, il se partage. Une économie responsable, un travail de spécialiste effectué aux yeux de tous, de la haute cuisine, une brigade de compétences, simple en apparence seulement. Mais gare à la casse ! Quand une erreur se manifeste, la chute est inexorable. L'interprétation doit être exécutée à la perfection. Pour cela, les coffrages se font sur-mesure et les ferraillages ne reculent devant aucune complexité. La construction de l'espace culturel Aimé-Césaire, à Gennevilliers, un monolithe de béton blanc zébré par des percements à la manière des incisions sur les toiles de Lucio Fontana, a nécessité des ferraillages au sol, sculptés aux angles des fenêtres, fabriqués à l'extérieur, en une seule pièce, comme les mailles d'un tricot d'une dizaine de mètres de hauteur et quinze de longueur, levées avec des élingues, en une seule fois. Une réalisation exceptionnelle, jamais réalisée jusqu'alors, par une équipe de passionnés quand on pense aux risques de déformation lors du levage. Il n'y avait pas de risques sur la stabilité, sur la résistance, supervisée par les calculs, mais ce mode de ferraillage restait inconnu.

En France, les entreprises du bâtiment ont une capacité d'adaptation étonnante, quand il le faut, elles deviennent multi-instrumentistes, interprètes de haut vol, avec une capacité phénoménale d'adaptation, pourvu qu'il y ait un bon chef d'orchestre. C'est bien la preuve que construire n'est pas un exercice solitaire. Le fantasme est collectif, à discrétion. Personne n'a pour autant la main sur le béton car le béton n'a pas de favoris, il gratifie tout le monde. N'est-il pas tributaire de tous les savoirs, d'une main-d'œuvre nombreuse, de coffreurs, de vibreurs, de compagnons, de chefs d'équipe, de chefs de chantiers et d'un nombre incalculable d'ingénieurs ? Après l'abordage, tout le monde touche sa part du butin. La solidarité d'un chantier est similaire à celle d'un navire de guerre en opération. Qui assiste à la manœuvre, y retrouve la même intensité. Lorsque le processus de prise est lancé, le torchon brûle, le temps est compté et cela monte à l'âme. Une fois activée, la chimie du béton est prononcée. Faire tourner la bétonnière engage tout le chantier. L'architecte, comme les autres. Construire avec du béton est un acte de passion, un travail de croyances. Les actions façonnent des liens de communion avancée.

Lorsque je réfléchissais au centre de pilotage du programme de recherche sur la fusion thermonucléaire, aujourd'hui planté à Cadarache, au nord d'Aix-en-Provence, j'avais imaginé une architecture bioclimatique avec des puits provençaux assurant une circulation d'air souterrain, frais en été, chaud en hiver. Je m'étais également assuré d'installer les bâtiments sans toucher aux chênes blancs centenaires des dix hectares concomitants. Et le parking a subi la même logique d'économie sur le foncier, en superposant les étages. Ici, la densité était une réponse environnementale. La verticalité n'est pas seulement religieuse. La vie au milieu d'un champ est un rêve surirréaliste. La multiplication des métropoles devrait nous avertir de la magouille. Le métier d'architecte est une fabrique de responsabilités. J'ai guerroyé le droit de bétonner en partageant le butin environnemental. Je ne parle pas de la parade cadencée des peluches en fourrure verte, mais d'un discernement appliqué au bon sens, au minimum. L'ensemble forme maintenant une vague de béton de 180 mètres, prête à affronter les vents de la région et accueille dans une structure à sa mesure, édifiée en béton fibré à ultra hautes performances, les ingénieurs thermonucléaires du programme.

Les mauvaises langues regardent parfois ce matériau avec une mauvaise foi toute cinématographique. Il vaut pourtant l'acier, l'aluminium et l'inox. Son empreinte environnementale pèse au minimum quatre-vingt fois moins que l'acier, déjà lui-même plus écologique que l'aluminium ou l'inox, le champion des horizons environnementaux condamnés. Maintenant que j'y pense, il y a sans doute eu trop de réponses environnementales avec ce bâtiment. J'ai dû énerver une huile perfusée au grand air, allergique aux miasmes des chantiers. C'est bien connu, travailler peut devenir salissant. D'autres préfèrent s'en protéger. Ils savent qu'il y aura toujours un couillon pour prendre le risque à leur place. Cette fois, ils veulent ma peau. J'ai osé associer intelligence environnementale et fusion nucléaire. Les idiots. C'est idiot d'opposer le minéral et le végétal, la nature et la culture. Confondre culture et agriculture, là est la question. La nature est une culture qui s'accommode très bien du béton, bien plus respectueuse que l'administration occupée à définir les principes de précaution à mettre en œuvre dans la construction : avec plus de bouffonneries médiatiques, de slogans écolo-racoleurs, plus d'inexpertise, plus de consumérisme technologique, alors même qu'il faudrait refuser cette dépendance technologique. Le principe de précaution est un cauchemar forniquant avec l'utopie, afin qu'en vain la peur soit sous contrôle. Il faut être cocaïné pour éprouver cet artificiel désir. L'alternative n'est pas de consommer davantage, mais d'être dans la bienveillance patrimoniale. Je préfère le jeûne et l'anxiété, rester lucide et paranoïaque, comme ultime instinct de survie. Un économiste a dit « *Tomorrow only paranoiac will survive* ». Comment défendre qu'il est honorable d'être imprudent ? Comment enrayer le processus de dégénérescence du bénéfice collectif déjà engagé, la manipulation doctrinaire irresponsable de ceux qui édictent les règles ? En la matière, ils se comportent comme des touristes hilares, semant derrière eux papier gras, dépendance technologique et insécurité juridique. Ils font l'effet d'amateurs qui s'obstineraient à montrer le chemin dans un bois à tout un groupe de randonneurs, alors qu'ils sont les premiers à être complètement perdus, égarés par un mirage. « Il faut moins de béton, disent-ils, plus de gazon, le gazon est vert, le béton est gris, nous préférons le vert, la couleur de la nature ». Même sous biture un adolescent est plus mature. Ils se moquent de la réalité technique et des réelles empreintes environnementales des matériaux. Le gazon peut continuer à pomper en toute tranquillité les réserves d'eau, même en jouant au golf, après tout l'écologie est un label sous contrôle de l'écologisme, ces fous de Dieu !

Les écoquartiers, friches de demain, ont de beaux jours devant eux. Les pelouses aussi. Une esthétique discutable ? Une réponse à côté des besoins des usagers ? Allons bon, en voilà des manières puisque l'on vous dit de circuler, qu'il n'y a rien à voir si cela consomme à tout va. Je n'ai pas dû obtempérer assez vite, sans doute fait trop de bruit, trop piétiné la fourrure verte, trop évoqué les dangers du marketing idéologique, sûrement froissé quelqu'un. Peut-être l'auteur du tube planétaire *Développement durable* ? Mais cela ne justifie pas la quinzaine de malabars, pistolets à la ceinture et brassards de police, à l'assaut du béton clandestin de la maison. Je ne les ai pas rêvés, ils photographiaient bien la maison et les chaussures de ma compagne, sondaient les murs, vérifiant sucre, farine, toutes les boîtes dans le frigidaire, avec la certitude de l'enquêteur qui touche au but, convaincu d'avoir coincé un bandit *high quality* avec vue sur mer. À les regarder opérer, j'en étais presque admiratif de les sentir si persuadés d'avoir aperçu au loin un bateau *offshore*, forcément à mes couleurs, forcément à grande vitesse, la cargaison chargée de produits illicites. Mais que faisaient les gardes-champêtres dans cette galère ? Eux aussi étaient en embuscade, penchés sur les herbes comestibles du jardin. Tous agissaient avec passion, sûrs de tenir un grand escroc, un faux architecte, un vrai escogriffe.

À leurs yeux, leur nombre devait justifier ma culpabilité. Les grandes forces répressives de l'État ne peuvent se mobiliser pour rien.

L'architecte est un terroriste des beaux quartiers. Quelle gabegie sinon ! Imaginez la machine judiciaire naviguant à vue et à pleine vitesse ? Lorsqu'elle vous fonce dessus, de loin, l'absence de conducteur n'est pas évidente, de près, c'est une autre histoire. Les responsabilités sont reléguées au placard à balais, et personne ne sait où il se trouve. Allez savoir quel domino a déclenché le système ? Est-ce une revanche de la névrose minimaliste ambiante, ce moralisme qui nous vient du Nord ? « Ces régions dont les manières ne nous conviennent pas », écrivait Malaparte, dans *Italie barbare*. Il est vrai que le minimalisme en architecture sert de paravent à l'avidité. Un mur et un sol à angle droit sont des solutions faciles à monter et très rentables. C'est la gratte à l'œuvre des promoteurs immobiliers. Toujours la gratte, augmenter la marge, marger toujours plus, toujours plus gras. Une machine infernale que rien n'arrête. Les délais sont des bourreaux, les fouets aiguisés au sang du propre à rien qui ose prendre son temps. Car il faut faire vite, construire en douce, à toute allure. Instrumentalisé, le temps se préoccupe plus de rentabilité que de construction. L'empressement est général. La complexité ? Un gros mot banni des chantiers. L'argent veille à ses intérêts. Je me suis bien rendu compte de l'inutilité de raconter à un donneur d'ordre les détails d'un projet. La chaleur humaine en valeur ajoutée peut vous amener à la faillite. Les explications sont pour vos interlocuteurs des complications. Elles finissent par mettre en danger votre idée.

« Oui, non, c'est un beau projet, malheureusement ce n'est pas la circonstance ». La passion inquiète. Trop proche de l'émotion. Le commanditaire lui préfère souvent la grimace de l'humilité nourrie d'une faiblesse morale, qui est en fait un pieux calviniste célèbre, « supplice qui démarre si bien et qui finit… » Ce moralisme de braguette entraîne tous les partenaires dans une médiocrité entre copains, une éthique de bazar, ligne parfaite de l'encéphalogramme plat. Au bout de la ligne, l'incompréhension du désir de l'architecte, la frilosité de la maîtrise d'ouvrage, embarquent les uns et les autres à exiler la beauté au rang d'hérésie universelle. Ce sont des mécanismes de régression redoutables. La peur de s'inscrire dans la désobéissance environnementaliste et l'argent sont une explication qui clôt le dispositif. Vite construit, géométriquement au cordeau, économiquement swissbox bois ou alu, sentimentalement au désespoir. Mais ce n'est pas tout. L'architecte est aussi en cause. Convoqué à la gestion de l'acte de bâtir, la responsabilité de parler à la mémoire des entreprises, de la stimuler, de l'aider à retrouver des gestes savants, lui revient. C'est à lui de réveiller les fiertés à exercer un art de la construction polyphonique, à faire jouer à l'orchestre des airs inconnus. Appauvrir la mémoire des chantiers équivaut à trahir nos partenaires. C'est un crime. Si nous devions être pendus[7], ce serait la seule bonne raison. Peut-être est-ce là d'ailleurs, la cause qui m'a amené en ces murs ? Minimaux évidemment. J'ai trop souvent refusé d'accélérer la cadence, de marcher au pas, dans la combine, avec les autres, puisque j'ai toujours dû être vigilant en marchant, à cause des chantiers et des tongues. La méthode demande le temps de la réflexion. Je suis par nature réfractaire au champ normatif. Ce n'est pas ma faute, c'est mon caractère. J'ai des références, je suis habité par la Méditerranée. La mer et le sel m'ont tanné le cuir, et appris à cogner. Pourquoi me le reprocher aujourd'hui ? Je refuse de bâtir des façades pleines d'humilité, masque de la vanité selon William Blake. Rêve immature de la modestie, elles cachent l'appauvrissement des savoirs et une mentalité de chacals. Je préfère la fraternité du combat autour des métiers du bâtiment, l'héroïsme romantique à la dépendance technologique, car la désobéissance réglementaire sera le véritable combat de demain. Pour cela, j'ai dû m'adapter et créer de l'enthousiasme, déclencher les commandes de bâtiments, comme le Pavillon Blanc, à Toulouse, médiathèque et centre d'art, avec des façades qui ondulent en dévers, en surplomb, à l'extérieur, sur la rue, et à l'intérieur, à la façon d'un drapé ondulant sur un plan vertical. Une métaphysique de la séduction, métaphore de

7 Philippe Trétiack, *Faut-il pendre les architectes ?*, Paris, Éditions du Seuil, 2001.

la fourmi travestie en cigale, amphore à risques, pour bousculer la règle de rigueur. Réalisme d'un minimum de profits pour un maximum d'ennuis, elle est pas belle la vie ! Il faut mettre les mains dans le dispositif pour toucher l'inconnu et convaincre d'affronter la bataille. Il faut affronter ses rêves au combat. Cela doit paraître excessif… me voilà au trou, justice doit être faite, jusqu'au dégoût. Comme cette volaille en barquette que je ne sens pas, blanche immaculée, vierge de goût, les légumes froids en macédoine montée à l'huile de colza, neutre, comme cette eau, même pas capable de se transformer en Condrieu, histoire de me réconcilier avec l'humanité. Heureusement on ne sert rien au trou.

Il commence à fredonner.

L'architecte,
debout, face à la caméra de surveillance.

Le fanion claque et s'élève
Au-dessus du pont romain.
Légionnaire marche sans trêve
Sur les pas de nos anciens
Les médailles sonnent sur le tablier,
Sur l'épaule brille la hache du pionnier.
Honneur fidélité.
Premier régiment étranger de génie
Grenade à sept flammes sur ta cuirasse brille.
Honneur fidélité.

Ah les vaches ! Je ne risque pas de dormir avec l'œil rouge au-dessus de ma tête.

L'architecte

Je pourrais m'astiquer tout simplement, cela m'aidera à dormir.

Il change de refrain.

L'architecte

Y a des cailloux sur toutes les routes
Sur toutes les routes y a des chagrins
Mais pour guérir le moral en déroute
Y a des filles sur tous les chemins.
Y en a autant qu'il y a de pierres
Qu'il y a de fleurs dans les jardins
Qu'il y a d'oiseaux sur les branches légères
Y a des filles sur tous les chemins
Il suffit de trouver Celle dont on a rêvé
Ainsi quand on pense à l'amour
Le chemin semble bien plus court
Y a des cailloux sur toutes les routes
Mais aujourd'hui comme demain
Une raison suffit pour qu'on s'en foute
Y a des filles sur tous les chemins.

L'architecte s'arrête net.

L'architecte

Sur tous les chemins.

Il marque un nouveau temps d'arrêt.

L'architecte

Ça y est ! J'y suis. Si j'y suis, au trou, c'est à cause de la musicalité du béton. J'ai dû trop faire de tapage urbain. Dans tous mes projets, il y a du béton. Quoiqu'il arrive, il y en toujours un peu.

C'est un condiment qui réveille les papilles. Je ne peux pas m'empêcher d'en mettre dans tous les plats. J'ai l'appétit aiguisé par le piment. Cela m'aide à ne pas oublier que le béton est comme l'abattoir. Devant le morceau de viande au feu, beaucoup refusent de voir la part animale du repas, la bête dépecée après avoir été abattue ou égorgée, au choix selon que l'on préfère la masse ou le couteau. La foule préfère une alimentation déconnectée des réalités. Le sang se regarde à l'écran, bien calé dans un fauteuil. Sentir son odeur ferreuse ravive les mémoires rabotées par le confort standardisé de vies accrochées à des *smartphones*. Alors que nous aussi, sommes des morceaux de viande sur pattes. Devant un chantier de béton, partout la même sensiblerie, fourbe et hypocrite. Les regards des riverains se détournent au passage des camions-toupies. Ils se pincent le nez et n'aiment pas les traces de boue laissées sur la chaussée. L'horizon du béton est suspect. Trop de saleté sur un chantier, et près de chez soi en plus, quelle horreur !

Une dame chic, tout en blanc, entre discrètement avec un vélo dans la cellule.

La dame en vélo,

à part.

Regardez-moi ce travail ! Quel scandale ! Et avec notre argent ! Ils sont tombés sur la tête à la mairie. Un dragon dans un mur. En pleine ville, un dragon, n'importe quoi. Je vais me plaindre au commissariat, écrire au ministre, prendre rendez-vous avec le député, lancer une pétition, mobiliser les riverains, les forces phalangistes de la vie associative. Même pas peur du dragon ! Image du dragon peut-être ?

L'architecte

Qui êtes-vous ? Pourquoi êtes-vous en vélo ? Habillée en blanc ? Qu'est-ce que vous venez faire dans ma cellule ? Au nom du béton, je vous somme de répondre !

La dame en vélo,

doucereuse.

Je suis la dame en vélo. J'habite le Vieux-Lille. Nous nous sommes rencontrés pendant les travaux du quartier de la rue d'Esquermes, vous savez, la construction du centre sportif. J'avais profité de ma ballade pour vous signaler que les camions salissaient la rue et vous avez été grossier, déclaré que le travail n'avait pas à être stigmatisé par une vélocipédiste de la société des loisirs, qu'il maintenait les muscles en forme, que le gras autour de la taille n'était pas une fatalité. Cela m'a heurtée. La preuve, maintenant je suis endormie chez moi, mais aussi ici, pour venir vous demander des comptes sur cette situation, une situation tout simplement SCAN-DA-LEUSE !

L'architecte

À cause du dragon ?

La dame en vélo

Le dragon m'est égal.

L'architecte

Vous avez tort, c'est un beau dragon. On a eu un mal de chien à le faire. Sa réalisation a mobilisé trois entreprises, le coffreur, le boiseur et le ferronnier, pour l'incruster dans le mur en contraste avec la couleur de la façade, un béton autonettoyant blanc, peut-être pas aussi beau que le blanc de votre pantalon, mais bien beau tout de même.

La dame en vélo

Et après ? Si j'avais su, je n'aurais pas laissé faire. Croyez-moi !

L'architecte

Et le toit végétalisé, il vous a plu, le toit végétalisé ?

La dame en vélo

Je ne suis pas là pour discuter d'architecture. Je suis venu vous montrer les taches de mon pantalon, la boue de vos camions. Regardez ce travail, il est bon pour la machine à laver. Je trouve un peu fort de devoir faire des lessives à cause d'un chantier. J'ai autre chose à faire dans l'existence que de m'occuper du linge de la maison.

L'architecte

Vous devriez poser votre vélo, il vous embarrasse…

La dame en vélo,

le coupant.

Merci. Je n'ai pas non plus aimé vos remarques sur les ouvriers, ma retraite constituée d'une part de leur travail. Je suis pourtant jeune et ne compte pas en rester là. Et puis ces traces de pneus sur la route, franchement, ce n'est pas sérieux !

L'architecte

Je note hélas, dans vos propos, que je ne conteste pas, les taches de boue salissent bien votre pantalon, une forme d'amnésie inquiétante. Dès qu'il s'agit d'envisager une perturbation de nos habitudes commercialisées par les grandes surfaces, qui aident à endormir nos consciences, les premières réclamations se font entendre en même temps que l'arrivée des premiers camions. Vous êtes une armée à ne pas aimer voir le travail se faire sous vos yeux. À coup sûr, il y a trop de barquettes dans nos vies, pas assez de boue. Pourtant, n'oublions pas l'odeur des abattoirs et des chantiers, la transpiration du labeur extrait les toxines politiquement correctes colonisatrices de nos cerveaux. Le souffle enchanteur du marteau-piqueur rend niais ce sourire sardonique de la Joconde, cette salope qui n'a de sa vie jamais bougé son cul. Raphaël a lui-même dessiné tous ces Africains torses nus sur les chantiers. Ce sont des faits fondateurs. Un chantier dans la ville participe à son développement, l'aide à grandir, comme le béton aide à inscrire les édifices dans une minéralité durable. La grossièreté serait d'oublier que le travail des ouvriers nous construit et ce, depuis la nuit des temps.

La dame en vélo,

le coupant à nouveau.

Taratata, je ne suis pas amnésique. Ne soyez pas désagréable. Je me souviens très bien de vous, du dragon et de tout le reste.

L'architecte

Chère Madame, le dragon est l'ornement du dojo où se déroulent les entraînements d'arts martiaux, je n'allais pas mettre une chèvre à la place. Je préfère la garder pour le dîner.

La dame en vélo

Au Moyen Âge, le dragon était un symbole satanique.

L'architecte

Satan m'habite.

La dame en vélo

Où ai-je déjà entendu cette phrase ?

L'architecte

Les ritournelles aident à me concentrer. J'aime évoquer *la fabrication de nuisance comme renouvellement existentiel du champ de la bureaucratie…*

La dame en vélo

Vous êtes odieux !

L'architecte

Entendre que *le niveau de fourberie atteint dans la capitale un degré tel que cela provoque des troubles neurolinguistiques…*

La dame en vélo

Infernal !

L'architecte

Dénoncer *l'inspiration spermopompe.*

La dame en vélo,
attendrie.
Nul besoin de pompe à vélo. Ne soyez pas ridicule, à mon âge, il faut être raisonnable, mais c'est gentil d'y avoir pensé.

L'architecte,
excité.
Tenez, une nouvelle, *la culture de l'oisiveté est un pneu crevé pour la civilisation.*

La dame en vélo
Vous redevenez grossier. Je m'en vais, j'en ai assez entendu pour cette nuit.

Elle repart avec son vélo par la porte de la cellule, qu'elle referme soigneusement derrière elle.

L'architecte,
songeur.
Dommage, elle est partie trop vite, il y avait encore *l'oisiveté est la rustine d'une culture à vélo abandonnée par la civilisation.* Il faudra que je la replace celle-là, avec *on ne se suicide pas dans le bâtiment comme on se suicide au ministère de la Culture.* Pourtant, je ne me fais guère d'illusions, quoique je dise, le béton n'en reste pas moins le coupable idéal, il travaille trop les consciences. Suspect jusqu'à la mort, Diable déguisé en Quasimodo, il est le rejeton terrible que l'on découpe au hachoir, le banni de la société. Les succès populaires, le Musée des Civilisations de l'Europe et de la Méditerranée à Marseille, le musée Cocteau à Menton, n'empêchent jamais

l'amnésie de reprendre le dessus, étouffant malgré elle l'ambition collective séduite par la sincérité de la matière. Malheureusement, c'est une impasse car, quoiqu'on fasse, la réponse est toujours la même : la haine !

L'Architecte tourne alors en rond dans la cellule en inspectant minutieusement le sol. Il avise un endroit au milieu de la pièce, enlève sa veste et s'allonge par terre en chien de fusil, en essayant de s'en faire un oreiller convenable.

À trois heures du matin, sous l'œil bienveillant de la caméra et pour trouver le sommeil, il se masturba… *et y arriva.*

ACTE III

SCÈNE PREMIÈRE

Un bureau derrière lequel est installée la juge. En face se tiennent l'architecte, encadré par l'avocat, le capitaine de gendarmerie et un policier.

La juge

Tout le monde est installé ?

Le capitaine de gendarmerie

Très bien, Madame la juge.

L'avocat

Oui, très bien, merci Madame la juge.

La juge

Alors commençons l'interrogatoire si vous le voulez bien.

Le capitaine de gendarmerie

Oui, Madame la juge.

L'avocat

Tout à fait.

La juge relève la tête.

La juge,
sévère.

C'est fini !

L'architecte

Je crois que nous n'avons pas encore commencé.

La juge,

cassante.

Monsieur, je vous prie de ne pas m'interrompre et de me laisser mener les débats.

Silence de l'avocat,
du capitaine de gendarmerie et de l'architecte.
Silence de la juge.

La juge,

agacée, à l'architecte.

J'ai des tas de questions à vous poser sur le béton. Ce n'est pas joli joli à voir, je vous assure. J'aimerais tout d'abord éclaircir cette affaire de déposition. Persistez-vous à ne pas reconnaître vos propos ou avez-vous fini par signer la déposition ?

L'architecte

Je n'ai pas voulu signer un document avec des fautes d'orthographe à toutes les pages. Le capitaine a pourtant insisté, un détail d'après lui. Je ne suis pas d'accord. On commence par se tromper dans la conjugaison d'un verbe ou le temps d'une phrase, et cela se termine par une erreur judiciaire. Je signerai la déposition quand fond et forme reprendront le fil de mes propos, que je reconnais et assume. Je ne tiens pas à être saucissonné avec des mots tordus. Comprenez-moi, on rédige à ma place dans un style à la syntaxe douteuse. Ce document *analphabétique*, illustré d'un portrait de l'identité judiciaire, tête de gitan, face et profil, ne plaiderait pas en ma faveur, les gens du voyage ont toujours eu du mal avec les jugements des sédentaires. Je tiens aux mots, surtout lorsqu'ils engagent ma liberté. Je ne veux pas accabler le responsable. L'administration est bien plus coupable de laisser ses troupes assumer des responsabilités aussi engageantes sans les former un minimum. Curzio Malaparte, la nuit, devant un chalet, en Suisse, aboyait pour dialoguer canin. Un gendarme lui signifia que cela était interdit. Au pourquoi de Malaparte, il fut répondu « on commence par aboyer et on finit par mordre ».

La juge

C'est une question interne. J'aviserai plus tard. La Justice n'est pas aveugle. Nous avons toutes les compétences pour régler ce type de problème, celui-là ou celui du béton. Reprenons avec le bitume par exemple, arrêtez-moi si je me trompe, ce fond de cuve de l'industrie pétrolière utilisé par l'industrie des travaux publics, il est vendu par les industriels du béton, vos partenaires ?

L'architecte

Je suppose. Je ne suis pas spécialiste des autoroutes, je suis architecte.

La juge

Vous supposez juste, Monsieur, sauf que vous oubliez de préciser que la fréquentation du bitume tue les ouvriers des chantiers autoroutiers. C'est officiel, sa manipulation sans protection est source de cancers. Mais ce n'est pas tout. Vos amis pratiquent d'autres activités à risque. Ils construisent et démontent des centrales nucléaires. Dès les premières installations, dans les années 1970, ils étaient à pied d'œuvre. Aujourd'hui, ce sont les dernières générations qui les occupent, les centrales EPR. Les enceintes, intérieures, extérieures, les tours de refroidissement, que de béton, des mètres et des mètres cubes coulés lors d'opérations émaillées de nombreux incidents, des injections de ciment arrêtées pour non-conformité, des accidents de la route aux alentours des chantiers, tant le trafic est dense. On a le sentiment que la liste des charges contre le béton ne cesse de s'enrichir. Mais une activité fructueuse, si j'en crois les chiffres des multinationales spécialisées. Il y a toujours une zone à bétonner, ici des champs agricoles à transformer en aéroport, là-bas, des infrastructures, parfois dantesques comme le projet du barrage des Trois Gorges, en Chine. Les développements ne manquent pas. Les mécontents non plus.

L'architecte

Ce sont ces affirmations péremptoires qui font que nos ingénieurs diplômés des grandes écoles X, Ponts et Chaussées, tous authentiquement de gauche, préfèrent les marchés financiers à une carrière dans le BTP! Le béton a une image de mauvais fils, voué aux gémonies depuis toujours. Prononcer son nom relève de l'insulte ou de l'outrage à magistrat. Mauvais bougre au ban de la société par principe, parce qu'il est indispensable au quotidien, il provoque de la répulsion et n'arrive pas à convaincre, peut-être à cause de sa masse, d'une certaine forme de brutalité quand il passe à l'état solide. Ce n'est pas un matériau éphémère. Il évoque la dynamite, la dimension explosive de nos mœurs, qui nous effraie et que nous escamotons alors qu'elles devraient nous éclairer. Même la larme à l'œil, le béton n'arrive pas à convaincre. Toujours ce mauvais fond, le seul crédit qu'on lui accorde. J'ai eu beau essayer de démontrer que l'architecture avait les moyens de produire un récit, des sentiments à partager sur un territoire, mes réalisations ne devaient pas avoir le physique de l'emploi, elles n'ont rien vraiment changé, fréquentées ou non. D'une façon générale, les architectes n'ont jamais su se faire aimer. Ils suscitent l'indifférence, car il existe une lâcheté du regard. Manipulée par les anathèmes sur la bétonisation, l'image du béton est devenue noire. On lui reproche d'être résistant. On lui reproche d'avoir remplacé la pierre. On lui reproche d'incarner notre culture. On lui reproche d'être un matériau politique au-delà des politiques, de faire la guerre. On lui reproche d'être schizophrène, à la fois béton honni et omniprésent dans les HLM. C'est un phénomène dans l'air du temps d'aimer les idées fixes et la répétition, au lieu de défendre les marques du mouvement. L'ordre du jour est à la célébration de l'immobilisme, à la résistance aux vivants. Les minauderies asexuées des présentateurs de télévision ont finalement remporté plus de succès que les ouvrages d'art. Le délit de faciès du maçon n'a pas fini d'emprisonner nos consciences. Même les églises ont peur de se pétrifier dans le minéral, préférant le bois, beaucoup moins titré en culpabilité chrétienne.

La juge

Et le délit des végétaux plantés sur votre terrain, vous lui donnez un avenir ? Le rapport de la direction régionale de l'Architecture et de l'Environnement parle de vos libertés botaniques.

L'architecte,

étonné.

Madame la juge, je n'envisage pas de demander un avis à qui que ce soit sur mes choix botaniques.

Je sais que le particulier est l'ennemi désigné des experts, des sbires et des espions. D'ailleurs, j'ai les noms des agents infiltrés de la CIA à la direction régionale de l'architecture et de l'environnement.

La juge

Et la destruction des toilettes extérieures à votre domicile, une explication ?

L'architecte

Je n'en avais pas l'usage.

La juge

Et le pigeonnier ?

L'architecte

La cabane en aggloméré crépi néo-provençal ?

La juge

Le pigeonnier d'époque.

L'architecte

Des années 1970 ?

La juge

Qu'en avez-vous fait, détruit lui aussi ? Mais c'était classé !

L'architecte

Il était atroce. Il n'y avait rien à en faire, sinon le faire disparaître. Une cabane de gosses, à la rigueur, aurait eu plus d'intérêt, je l'aurais volontiers gardée. Ce pigeonnier était l'expression instinctive, pittoresque du bégaiement provençal.

Frédéric Mistral, en son temps, l'aurait fait pilonner par la deuxième DB. En juillet 1944, Saint-Exupéry, après l'avoir raté, s'est crashé en mer à quelques encablures près de l'archipel de Riou, abattu par un Messerschmitt sur ordre du ministère de la Culture, au titre des représailles de l'église environnementaliste.

La juge

C'est à l'église environnementaliste d'en juger, et non à l'histoire de la libération de la Provence en 1944.

L'architecte

Madame la juge, le goût n'a pas à être sous la coupe d'un jugement administratif. L'architecture est une démarche d'auteur qu'il est dangereux de vouloir encadrer. Le risque est de faire naître une esthétique autorisée bridant toute créativité. Cela relève presque d'une démarche fascisante. Les parties prenantes d'un projet encadrent déjà nos réalisations d'un ensemble de contraintes à respecter. Je ne crois pas qu'il faille mêler la justice à ces problématiques en lui octroyant un rôle de censure, comme dans le cas des travaux de la Samaritaine du projet de l'architecte Kazuyo Sejima, prix Pritzker, arrêtés après l'annulation du permis de construire par l'un de vos confrères, pour des raisons esthétiques. Un jugement porté contre l'avis des architectes des Bâtiments de France et de la Mairie de Paris. Un phénomène dangereux qui substitue des raisonnements fondés sur la qualité et la singularité, aux raisons d'une justice subitement décidée à imposer son jugement sur le beau, comme elle pourrait l'imposer dans d'autres domaines d'expression, la littérature, le cinéma, sans rien demander à personne, parce qu'elle en a le pouvoir. Je ne souhaite pas l'accabler, mais elle semble perdue à l'intérieur d'un système. Une justice qui avance dans le brouillard, qui n'est plus un repère pour la démocratie, une justice abusée par des postures réactionnaires, devenue l'ombre portée d'une société incapable de cohabiter avec elle-même, est une justice inquiétante. Le faux origami de verre de Sejima raconte certes la prise d'otage d'un patrimoine historique par une architecture distinguée, mais la violence judiciaire de la réponse, symétrique à l'incompréhension du contexte architectural par l'architecte, est la preuve d'un dysfonctionnement démocratique, comparable à l'arbitraire de la mise en garde à vue du béton. La justice n'est pas qualifiée pour juger l'architecture ni pour condamner le béton ou imposer un pigeonnier bancal à un particulier. La mise en accusation de la beauté ouvre la voie à toutes sortes de terreurs. La beauté est une histoire singulière qui mobilise les individus et les passions, crée du lien. Lorsque la justice se mêle d'en cerner la définition, elle outrepasse ses droits et affiche une image négative, similaire aux nuisances d'une administration arc-boutée sur un mode de fonctionnement opposé aux hauts principes démocratiques et au plaisir commun de vivre ensemble. La justice ne peut se nourrir de haine ni de faiblesse.

La juge

N'insistez pas vous dis-je, le pigeonnier a été détruit, il est inutile de le nier, l'enquête de la gendarmerie le prouve sans erreur possible.

L'architecte

Je n'insiste pas, je persiste à dire que j'ai mené des travaux d'embellissement.

La juge

Avouez donc que vous avez effectué des modifications dans votre maison ?

L'architecte

C'était une restauration sophistiquée.

La juge,

énervée.

Ne jouez pas sur les mots !

L'architecte

Madame la juge, vous posez vos questions librement, laissez-moi en faire de même avec les réponses. Que me reprochez-vous, de ne pas élever des pigeons ? Je suis désolé, je préfère les manger, n'y voyez aucune malice.

La juge

Vos interventions prennent beaucoup de liberté, je trouve. Vous êtes un artiste !

L'architecte

Non, un professionnel de la gamate. J'ai avec elle les mêmes passions et amours car il est devenu impossible de parler sans malentendu, sans boursoufflure ni vanité. Ne sommes-nous pas devenus une famille vagabonde à la recherche de mots communs ? J'essaye de vivre, pas de survivre. Je me méfie des arbitrages égalitaires portés par les principes aigres de la rétention. Ils signalent l'exil de la bienveillance à l'égard de la diversité, et l'exil de la beauté, tuent à la racine les ambitions de partager les lieux. Stigmatiser la richesse, coupable idéal, revient à s'acharner sur les manifestations du beau, comme le plaisir de deviser en pensant aux volutes de tous les cigares à fumer. Au lieu de chercher ses propres voies, l'architecture en vogue est une architecture qui fait peur, celle de la barre, du porte-à-faux, d'une bite bien raide, la certitude d'une seule et même formule, une nouvelle matérialité dont on peut se demander à qui elle s'adresse, sinon aux enfants, et pour leur dire quoi, à part les effrayer. Pas étonnant que le monde s'affole. La perte du bien commun a installé un rapport dégénéré entre les institutions et les citoyens. Sournoisement, les liens sociaux ont développé des rapports basés sur le conflit, aggravant d'autant le désarroi des populations. De part et d'autre, les mots ne sont plus compris, le dialogue sourd, les responsabilités niées. « Pas de quartier et chacun pour soi », nouveaux mots d'ordre d'une démocratie en faillite, appellent ainsi l'extrême droite à arbitrer le malaise de chacun, un ultime arbitrage pour sortir une bonne fois pour toutes de l'impasse. Mais ce dernier faux pas, ultime erreur d'une société suicidaire, n'est que la suite d'un long processus irresponsable et nécrophage. Et crier haro sur le béton ne sera au bout du compte qu'un cache-misère de plus, car le béton n'est pas un baudet. Il refusera de se laisser faire. Abul Kacem Chebbi, poète de Tozeur, écrivait avant de mourir : « Le ciel n'abrite pas les oiseaux morts ».

La juge

Nous verrons cela à l'audience.

L'architecte,

à part.

Je vais peut-être enfin pouvoir m'allumer un cigarillo ?

Rideau.

Postface

Dialogue au tribunal

La magistrate

Vous avez mis de la terre sur le toit du garage sans autorisation, pourquoi ?

L'accusé

Pour y planter des légumes qui parlent au ciel !

L'Audience rit et je me rassoie.
Mon avocat vient me dire qu'il comprend que j'aime faire rire mon public mais que j'énerve prodigieusement les juges.

La magistrate

Vous avez mis des vitres à votre garage, c'est pour y faire un lounge ?

L'accusé

Pour assécher car le garage est enterré sur trois côtés et très humide. Le soleil est utile.

La magistrate

Votre Porsche Carrera a besoin de bains de soleil.

L'accusé

Je l'ai vendue 6000 euros.

La magistrate

Vous avez détruit un pigeonnier sans autorisation.

L'accusé

Aucun pigeon n'y résidait, la construction en crépis provençal à la gloire du mauvais goût néorégional ne devait pas leur convenir…

La magistrate

Parce que vous savez ce qui est beau ou pas ?

L'accusé

Oui c'est mon métier, ce n'est pas un monument historique et je suis tout de même grand prix national d'architecture.

La magistrate

Avec un sourire sardonique…
Le jury appréciera.

La présidente

Vous connaissez le maçon, parlez-nous de lui.

L'accusé

Alors que j'aurais dû l'accabler avec ses ouvriers non déclarés ! Je fais son éloge de maçon que je connais depuis trente ans !

La présidente s'adresse au maçon qui soudain ne comprend plus le français.

L'accusé

J'interromps la présidente, ce qui est très interdit pour lui dire qu'il y a incompréhension sémantique et qu'elle fabrique du pouvoir avec la langue française...

L'ambiance est très tendue, les magistrates m'observent avec compassion paramilitaire.
Fier de ma leçon politique je me rassoie.
Mon avocat m'avait pourtant recommandé une double dose de calmants au petit-déjeuner, de mal m'habiller, ce que j'ai fait, et d'être moins arrogant qu'à mon habitude... Il prévoit cette sentence: « 50000 pour les légumes qui parlent au ciel, 50000 pour le pigeonnier sans pigeon et 50000 pour la leçon politique à la magistrate! Sans oublier trois mois avec sursis non inscrit au casier judiciaire... Je vous avais dit de vous taire! »
Finalement, je m'en tire bien!

DU MÊME AUTEUR

- *L'Exil de la beauté*, entretien avec David d'Équainville, Textuel, 2019
- *Première ligne*, éditions Cassis Belli, 2019
- *Je te ressers un pastis ? Dialogue avec moi-même*, éditions de l'Aube, 2019
- *La Nature prisonnière, François Carrassan, Bernard Plossu, Rudy Ricciotti*, Les Cahiers de l'Égaré, 2017
- *Mémorial du camp de Rivesaltes*, Archibooks, 2016
- *Le Béton en garde à vue*, Lemieux, 2015
- *En vain*, Jannink, 2014
- *Conversations imaginaires « ou pas » avec Rudy Ricciotti*, avec Florence Farrow,
- Un Autre Reg'Art, 2014
- *La arquitectura es un deporte de combate* – Rudy Ricciotti, una conversacion con el critico David d'Équainville (traduction espagnole de *L'Architecture est un sport de combat*, Arquine, 2014
- *Rudy Ricciotti – éléments d'architecture,* Galerie Philippe Gravier et Galerie 75 Faubourg, 2013
- *Ricciotti, architecte*, sous la direction de Francis Rambert, Le Gac, 22013
- *La HQE brille comme ses initiales sur la chevalière au doigt*, Le Gac, 2013
- *L'Architecture est un sport de combat* – Rudy Ricciotti, entretien avec David d'Équainville, Textuel, 2013
- *Impair et passe*, photos de Bernard Plossu, textes de Rudy Ricciotti, Al Dante/La Non-Maison, 2012
- *Auteuil, ou l'architecture d'une confidence, Anne Démians, Finn Geipel, Francis Soler et Rudy Ricciotti*, Michèle Leloup, Archibooks & Sautereau, 2011

- *Le Musée Cocteau – collection Severin Wunderman*, Al Dante, 2011
- *Le Pavillon blanc – Médiathèque – centre d'art de Colomiers*, Al Dante, 2011
- *Logements quartier La Glacière à Mérignac*, Al Dante, 2011
- *La Maison de l'emploi de Saint-Étienne*, Al Dante, 2011
- *L'École internationale de Manosque*, Al Dante, 2011
- *Le Maire, l'architecte & la bibliothèque*, Al Dante, 2010
- *Da Sud a Sud/Du Sud au Sud*, Palombi & Partner, 2009
- *HQE Les renards du temple*, Al Dante, 2009
- *Le Pont du Diable*, Al Dante, 2009
- *Le Nouveau Palais du Cinéma*, Ante Prima, 2008
- *H.Q.E.*, Transbordeurs; 2007
- *Pavillon noir*, avec Angelin Preljocaj, Xavier Barral, 2006
- *Blitzkrieg: dialogues avec Salvator Lombardo*, Transbordeurs, 2005
- *Cent auteurs et invités pour un anniversaire/ dix ans, donc!*, Rudy Ricciotti « Qu'elle est belle ma Méditerranée! », Sens & Tonka, 2005
- *Codex Rudy Ricciotti*, de Paul Ardenne, Birkhauser, Ante Prima, 2004
- *La Passerelle de la paix à Séoul*, Jean-Michel Place, 2001
- *Pièces à conviction. Les interventions vitriol d'un Sudiste*, Sens & tonka, 1998
- *« Rouge et noir » Le Stadium*, Sens & Tonka, 1995
- *Le Rouge et le Noir*, de Christian Poitevin, CAUE des Bouches-du-Rhône, 1993

Achevé d'imprimer en juillet 2020
sur les presses de Normandie Roto Impression s.a.s, Lonrai.
N° d'impression : 2002570
Dépôt légal : septembre 2020
imprimé en France